밤의 수족관

국립중앙도서관 출판예정도서목록(CIP)

밤의 수족관 : 이희은 시집 / 지은이: 이희은. -- 대전 : 지혜 : 애지, 2018
p. ; cm. -- (지혜사랑 ; 188)

대전광역시, 대전문화재단에서 사업비 일부를 지원 받았음
ISBN 979-11-5728-278-4 03810 : ₩9000

한국 현대시[韓國現代詩]

811.7-KDC6
895.715-DDC23 CIP2018016714

지혜사랑 188

밤의 수족관

이희은

지혜

시인의 말

사물의 문을 열고자 했으나 늘 캄캄했다

2018년
이희은

차례

2부

3부

4부

• 일러두기

한 연이 첫 번째 행에서 시작될 때는 > 로 표시합니다.

1부

손금

지도에 없는 골목으로 나를 버리러 갔습니다

꽃잎의 주름을 세어보다가, 고양이 눈 속을 엿보다가, 벽화처럼 머리 기댄 나무들 미처 마르지 않은 비밀에 손끝을 적시다가

문득 금 간 유리창에 비친 나를 보았습니다 뺨에 깊게 그어진 상처가 있었습니다

담장 낙서를 떼어먹다가, 기울어진 그늘을 쓰다듬다가, 깨진 화분에서 쏟아지는 이야기들 바닥에 길게 늘이다가

모퉁이를 지나 무화과나무 옆에 섰습니다 이파리 한 장 꺾어 당신의 목소리를 찾다가

보도블록이 끊긴 곳, 웅덩이의 어둠에 걸려 넘어졌습니다

나를 버리지 못한 채 손바닥 안 골목, 잔주름 위에서 어제를 움켜쥐고 있는

사막을 짓는 여자

샤워기에서 뜨거운 모래가 쏟아지네

비누칠을 할 때마다
몽글몽글 신기루도 피어오르네

배수구를 막고 있던 돌멩이 하나
배꼽 위에 올려놓고

자꾸만 빠져나가는 물을 견디네

세면대 구멍에서는
모래 무덤이 솟아오르고

미끄럽던 벽을 짚으면
손가락 사이로 흘러내리네

도대체 모래는 어디에서 오는 걸까

바람이 머물다 간 흔적만
천장을 기어 다니네

몸을 뒤적여 한참 동안 찾아보니
발뒤꿈치가 사르륵사르륵 부서지고 있었네

월식

엄마의 바다가 닫히면서
나의 물결은 시작되었네

오늘은 생일이면서 기일

빨간 장미와 흰 국화를 섞어 만든 꽃다발이
자정의 시간에 맞추어 배송되었네

알사탕을 굴려 녹일수록
입속에는 검은 안개만 깔리네

그림자와 함께 춤을 추는 밤
색이 다른 두 발은 자꾸 스텝이 엉키네

레퀴엠과 생일 노래가 교차하는 곳에서
나는 수런거리네

엄마가 미리 보낸 생일카드 안에는
압화처럼 유언만 말라붙어 있네

케이크에 촛불 대신 향을 꽂아놓고
나의 기도는 오래전에 늙었네

팽팽한 저녁

아이의 축축한 눈빛엔
한 움큼 그늘이 묻어 나왔다
숟가락 위에 담긴 소리를
아주 천천히 입안으로 삼켰다
접시와 젓가락이 부딪칠 땐
팔뚝의 닭살이 한꺼번에 일어났다가
재빨리 제자리로 돌아갔다
식탁을 밝히던 조명도 동공이 커졌다
유리컵에 꽂혀 있던 프리지어도
몸을 움츠리며 시들기 시작했다
오래된 의자는 삐걱, 말을 걸다가
놀라 소리를 숨겼다
팽팽한 시간의 끈을 놓으려는 듯
아이가 급하게 일어서려는 순간
어쩌다, 정말 어쩌다
엄마와 눈길이 닿고 말았다
멍든 눈꼬리를 단 엄마는
쓰지도 못할 주먹을 그러쥐었다
둥근 식탁 밥풀처럼
깨진 저녁이 뒹굴고 있었다

손바닥을 읽다

배꼽이 부글거렸으나
몸 비울 곳이 한 군데도 없었다

비가 되지 못한 구름과
무거운 가방만 어둡게 곁을 지켰다

끝없이 구부러진 골목을 헤매고 다니다
몸의 모든 구멍을 닫고
집으로 돌아왔다

눈 속 우물을 파 내려갔더니
어두운 바닥에서
소금기 가득한 눈물을 걸친
얼굴이 찾아왔다

익숙한 온기로 말갛게 손잡아주었다
빛나는 그의 손금을 처음으로 읽었다

골목의 등뼈가 곧게 펴지고
닫혔던 구멍이 열리며
뱃속이 가벼워졌다

손바닥 안에서 강물 소리가 푸르게 들렸다

헐렁한 등고선

냇물은 마른기침하며 흘러가고 있었지
가장자리부터 물살의 골이 깊어지면
할머니는 풀물 든 발을 젖은 바닥에 내려놓았어
물고기 떼 몰려와 입술을 댈 땐
갈라진 발톱이 조금씩 허물어졌어
발목에선 묵은 나이테가 풀어져 나오고
잎맥처럼 가느다란 핏줄도 서서히 지워졌어
몸의 등고선이 무너지고 있었던 거야
할머니는 사라지는 발이 간지러운 듯
얼굴을 아주 잘게 접었어
가끔 물에 뜨는 등고선을 걷어내어
표정을 씻으면 눈빛도 한 겹 얇아졌지
폐곡선을 그리는 등뼈 위에
무거운 햇살이 내려와 앉았어
물살이 핥아 먹은 발을
헐렁한 고무신에 담아 집으로 돌아갈 때
물의 발자국만 할머니를 뒤따랐어

구름과 거품

머리카락 사이사이 몸 비비던 것들
헝클어진 시간이 호흡을 막아요
양수 안에서 웅크리고 몸의 길을 잡던
열 개의 시계가 천천히 사라져요

손가락 끝 소용돌이에서 흘러나온 것
깊이 배어 있던 활자들 흩어져 나와요
삼십 개의 계단 아래 숨어 있던 첫사랑처럼
잠깐 물거품으로 멈췄다가요

하루를 숨겨왔던 얼굴, 부욱-북 문지르면
모공 속 진물이 미끄러져 나와요
충혈된 무늬들은 목구멍을 자꾸 맴돌아요

어둠을 몰고 온 구두인 듯 발목을 휘감던
발자국들 어지러워요
혈관이 뚫렸다 막혔다 두근거려요

베갯잇 속으로 스며들지도 못하던
찌든 꿈들 끈적하게 달라붙어요
여러 번 헹구어내도 밤은 각질을 계속 만들어내요

>

먹구름이 들창을 열고 몰려와
욕실 가득 차오르네요
배꼽을 열고 저 거품을 다 빨아들이고 싶어요

한 방울 사람

캄캄한 길을 헤매다가
나는 눈사람이 되었어요
녹지 않는 눈,
벽난로 앞에 오래 앉아 있어도
사람으로 돌아갈 수 없을 거예요

유리창 너머
부리 없는 새가 다녀갔어요
발목을 다친 짐승도 잠시 머물렀지만
눈동자까지 얼어붙어서
서로를 알아볼 수 없게 되었죠

바람은 창틀에 닿을 때마다
관절 비트는 소리를 들려주었어요
나는 다시 따뜻한 눈물을
흘릴 수 있을까요
얼어버린 눈 속에 한 방울,

성에 낀 눈을 닦고 바라보니
다시 폭설이 내리기 시작하는군요

단조가 번지는 방 안

활이 천천히 흔들렸다
현 속에 숨어 있던 음들 껍질을 벗고
바닥으로 우수수 떨어져 내렸다

부은 목을 넘어가는 물소리에 섞여
카펫 위를 기어 다니던 화음,
점점 세게 눈에 빨려 들어왔다

매일 우는 어머니를 지켜보다
자신의 눈물을 빼앗겨 버렸다던
당신 목소리가 동공에 번져갔다

팽팽했던 소파가 깊게 가라앉는 사이

물 주전자의 가래 끓는 소리는 눈곱으로 변했고
오래 굴리다 파지가 된 노래들이
눈꺼풀에 어른거리다 굴절되었다

어제의 바람이 흔들어대던 벽에서
한참을 버티던 거울, 실금 가는 소리
눈 속 실핏줄을 붉게 얽어놓았다

시력이 한 음씩 내려가기 시작했다

문밖에서 뒤돌아보네

바람이 문밖에서 오래 멈춰 섰네

그 사이 문 안에선 물소리가 녹슬고
먹다가 흘린 밥알이 늙어가고
겹겹 푸른 술병 시들었네

빛이 된 지 한참인 노인은
벽지 속에서 자신의 몸을 내려다보았네
구부러진 등은
달빛이 슬어놓은 그림자로 가득했네

못에 걸린 모자들이
노인의 이야기를 털어놓을 때
방의 체온은 천천히 회복되는 듯했으나
그것도 잠시,
바스락대던 벽지는 끝내 소리를 멈추었네

유품관리사들이 찾아낸 노인의 잔액은
달랑 살비듬 한 줌뿐이었네
굳은 몸을 젖히자 가슴에서
쌓여 있던 별똥별이 쏟아져 나왔네

>

소독을 끝낸 방안에
작은 빛이 몰래 떠다니다 사라지자
멈췄던 바람이 문을 스쳐 지나갔네

짜다만 나비

포근한 고치가 필요했던 여자는 장롱 서랍에 들어가 스스로 갇혔다 가늘고 긴 바람이 모서리로 함께 들어왔다 어둠을 더듬거리며 털실 한 가닥 찾아내 손가락에 감았다 실이 점점 감겨갈수록 배가 움푹 꺼지고 늑골이 선명해졌다 공중을 긋는 빗소리와 바람의 올을 섞어 쉬지 않고 엮어나갔다 그리움의 무늬를 완성하기 전까지는 밖으로 나갈 수 없었다 가슴을 짜 올라갈 땐 너무 일찍 잃어버렸던 젖 냄새가 비릿하게 풍겨 나왔다 따뜻한 입술을 만드는 동안 들어보지 못했던 둥근 목소리가 바늘 위로 굴러다녔다 한 가닥씩 떨어지는 머리카락으로 마지막 눈동자를 떠가다가 나비가 되기 직전 그만, 바늘을 놓쳐버렸다 바닥에 쌓였던 먼지들이 날아올랐다가 고요히 내려앉았다

어느 맑은 날 우연히 열어본 서랍 속엔
짜다만 빨간 스웨터의 엄마가 올이 풀린 날개로 누워 있었다

물속의 돌

1
바닥까지 가라앉은 제 모습을
건져 올리던 사내
마르지 않는 물의 숨결을 받아먹고
돌이 되었다

2
돌의 가슴에 맥박 하나 박혔다
개울이 수만 개, 물의 화살을 쏘아 보내는 동안에도
심장은 탈색되지 않았다
돌을 잡으려는 순간
깊은 잠 속 누웠던 물고기 한 마리
파다닥, 꼬리지느러미 흔들며 문을 닫았다

그늘도 마른

할머닌 돌담 나리꽃 아래
정화수 한 사발 들여놓고
처마 밑 그늘이 깨어나기도 전에
두 손을 모았어요
어스름 속 빛나는 물빛은
신기한 힘을 가졌지요
아버지 기침 감기 뚝, 떨어지게 해주고
해도 달도 제 길을 가게 했으니까요
여섯 살 어린 나는 잠이 덜 깨서
내 귀에도 요술을 부려 달라고 허리를 굽혔어요
할머니의 발소리가 끊긴 후
어느 밝은 대낮,
꽃대와 잎 사이 달려있던 까만 눈동자 하나
정화수 속으로 투욱, 떨어졌어요
물결이 퍼져 뒤꼍을 다 적셨고
할머니는 마른 꽃이 되었죠
뒤뜰 그늘이 치맛자락을 스치며
귓속으로 사르륵 걸어 들어 왔어요

고양이 문신

우리는 서로의 팔뚝에
꼬리 없는 고양이를 새겨놓고
밤마다 골목에서 비틀거렸다

엄마가 들려주던 태몽이 생각나지 않을 때면
담장에 걸터앉아 탄생설화를 짓기도 했다

불빛처럼 가벼운 그 이야기를
농담처럼 귀에 넣고
우리는 기어이 손을 놓았다

키가 다 자란 누나는
마당 한편에 울음을 묻어놓고
훌쩍 보육원 담을 넘었다

저녁이 저 혼자
보름달을 베어 먹고 있었다

발톱 속의 달

열 개의 문이
자유롭게 열리고 닫히던 때가 있었다
바람 속에서 복숭아뼈가 한껏 부풀어 오르면
달빛 마시며 밤새 하늘을 걸었던 것,
별들도 총총 발자국이 되어 주었다

얼어붙은 계절을 넘으며
별빛이 뒤꿈치에 물의 집을 짓자
문들은 울퉁불퉁한 궤도에
흔들리기 시작했다
웅덩이에 고였던 달빛,
촛농처럼 굳어가다 실금이 생겼다

나는 구름으로 들어가
눈송이로 집을 지으며
문의 기억을 달빛처럼 녹여냈다
날개를 다친 새처럼 비틀거렸다

맞지 않는 신발을 신고
휘청, 닳아가는 구름을 넘어왔더니
발톱이 다시 여닫이문으로 열렸다

>

발가락 끝 흔들리는 달 속에서
말랑한 새싹이 돋아났다
경첩이 빠진 문은
저녁 하늘에 발톱으로 걸렸다

2부

꽃잎의 통화

아주 오랜만의 해후인 듯
남편에게 여러 번 안부를 묻는 여자
앵초, 금낭화를 바라보고
그쪽 세상에도 봄이 왔느냐며
구릉이 돋아난 무릎을 만지네
꽃잎의 귀에 실려 보내는
아직도 붉은 목소리,
끊어질 듯 긴 통화를 끝내고
지팡이를 짚는 자리마다
또각또각 꽃잎이 환하게 피어나네

한밤중 빨래를 널면

바람과 달빛이 올 사이 끼워둔 나의 축축한 이야기를 다 읽어 주었다

한 가닥 비를 나눠 먹었네

한 그릇의 국수를
빗줄기처럼 나눠 먹는 아이 둘

가벼운 젓가락 사이로
불어터진 하루가 천천히 흘러가고 있었네

어두운 창문으로 길게 흘러내린 빗방울을
한 가닥씩 가져다
이어폰처럼 귀에 꽂았네

서로 다른 파장이 몸 안에 스미는 동안

흠집 난 숟가락엔 아이들의 얼굴이
얼룩으로 비치고

한 가닥 식은 저녁이
목구멍으로 넘어가고 있었네

장미가 취했다

우리, 건배, 건배,
담장 위 늙은 장미가 술잔을 들면
싸늘한 바람의 혀도
입술 끝 울음을 한 장 한 장 뜯어냈지
손잡이가 없는 난간처럼 아찔하게 밤이 깊어가고
깨진 술병 모서리엔
가시들이 불길하게 돋아나곤 했어
장미의 시간은 멈춘 지 오래,
지금은 놓아버리기 가장 좋을 때,
늑골 같은 계단에 앉은 장미도
눈송이를 섞어 마시며 건배, 건배,
이젠 바람으로 태어날 거야
한 번도 끝까지 부르지 못했던 노래
가볍게 완성해낼 거야
마지막 잔을 넘기기도 전에
고개를 꺾고 잠이 들었지
계단 끝에서 어둠은
석고붕대처럼 굳어만 가고
뼈도 없는 밤이 부어올랐지

바다를 준비하세요

수족관이 비명을 안고 기울어 갈 때
허파 속으로 진흙이 쏟아져 들어왔어요

당신에게 울음을 전송하곤
물방울 하나 걷어낼 수 없었어요
정수리에서 피어난 붉은 구름을 덮은 채
잠 속에서 또 잠이 들었어요

아직은 지느러미가 돋아나지 않아
당신을 만나러 갈 순 없지만

바닥까지 내려앉은 무릎을 펴고
이제 그만 일어나세요, 어머니
언젠가 춥지 않은 당신 몸속에서
가볍게 숨을 쉬고 싶어요

어머니 눈 속의 파도를 다독여
가장 잔잔한 바다를 준비해 두세요
사리마다 수위가 높아져도 넘치지 않도록
든든한 둑을 쌓아두세요

발목 끝에 피어나기 시작한 비늘 하나,

조금씩 물고기가 될 거예요
어느 날 문득,
당신 눈 속에서 조용히 헤엄치는
나를 볼 수 있을 거예요

장미의 방

한 송이 사탕처럼
거슬러 받은 웃음처럼

아저씨 주머니에 들어갈래요
즐겁고 아늑한 방

초경을 치른 꽃잎을
겹겹이 덧붙이며

몽롱한 손맛에 길들어
비늣방울로 떠오를 거예요

환한 엉덩이에서
꽃물처럼 태아들이 뚝, 뚝, 떨어지면
가벼운 감옥,

그때 우리는
눈동자에 수백 개 자물쇠를 채우고
비로소 활짝 피어날 거예요

그러니 어서 주머니 좀,
빌려주세요

>

선홍빛 입술이
떡잎처럼 마르기 전에

달콤한 브런치

창백한 식탁 붉은 사과는
슬픈 왈츠*를 웅얼거리고 있다

한 번도 베어 물지 못했던
달콤한 유혹,

애써 외면했던 당신 눈빛이
액자 속에서 한 옥타브 더 흐려진다

폭설의 암막에 갇혀
캄캄한 시계가 스텝을 밟는다

벽 속에서 불면의 밤을 보낸
그림자들이 일어나

최후의 브런치인 듯

내일 같은 오늘인 듯
내가 건넨 사과를 받아먹는다

손가락마다 사과 꽃이 체온도 없이 피어난다

* 장 시벨리우스 작곡으로 연극 '쿠올레마(죽음이란 뜻)'에 사용함.

창백

구름의 그늘에서
얼음 날개를 가진 새들이 날아올랐다

우르르 밤의 방향으로 쏠리다가
되돌아와 다시 솟구치면서
빼곡하게 누운 골목을 덮었다

여태 상자 속에 놓인 것처럼
가만히 중얼거리던 흔들의자

녹기도 하면서 얼기도 하면서
조금씩 쌓여가는 새의 울음소리,
창의 귀를 열고 달콤하게 엿들었다

깃털에 낀 구름의 무게 털어내고
잠든 창문이 깨질 때까지
오후의 배경이 창백해질 때까지

온기 없는 담장 사이로
우리는 발 없는 철새가 되었다

구겨진 비닐봉지도 날개가 돋아나
담아두었던 울음을 뱉어냈다

직지사는 없다

도랑을 따라 돌돌,
물소리가 흘러나왔다

낮고도 단조로운 리듬

생각의 마디마디를 거쳐 오면서
음색이 점점 맑아졌다

부은 발등에 한 모금 적시니
발가락 끝까지 환해졌다

물이 몸에 스며드는 동안
직지사는 어디에도 찾아볼 수 없고

풍경 속 물고기만
물결 사이에
향기로운 호흡을 풀어내고 있었다

달의 파문

오늘도 사내는 갈비뼈에 걸어둔 북을 꺼내 들고
벼랑 끝에 앉아 소리의 길을 냈다

그림자만 남은 아내와 나란히 앉아
두두둥, 채를 내리쳤다

북 속엔 스스로 입을 열지 못하는
아내의 목소리가 들어 있었다

너무 두꺼워진 하늘에
달은 떠오르지 않았다

사내의 북소리가 숲을 모두 채우자
나무들도 나이테로 둥둥, 울었다

달 없는 밤이 파문처럼 깊어갔다

얼룩의 얼굴

아무것도 읽을 수 없는 뻑뻑한 표정

때가 낀 Delete 키
층을 이룬 지문의 흔적을 더듬어
식어버린 체온을 데운다

그는 무슨 말을 하려
자신을 지워버린 것일까

흉터 속 젖은 말의 무늬
지느러미를 다친 채 꼭꼭 숨어 있는

문장을 지우는 문장을 만들어
거기 감추어 둔 신호는
죽은 물고기들의 눈빛

미끄러지듯 헤엄치고 싶다는
푸르게 깊어지고 싶다는

밀폐 용기처럼 닫힌 귀들을 위하여
키보드에 남아있는 얼룩 한 점

빗방울은 사라지고

빗소리를 인화했네

정수리에 뿔을 단 우산들은
풍선처럼 하늘로 날아가고
나의 유니콘 한 마리만
날개가 젖은 채
현관에 누워 있었네

기시감

챙이 긴 모자를 눌러쓰고
자꾸 길을 잃는 저녁

붉은 알약들 피어 있는 담장에서
처방전을 찾는다

낯선 여자의 주술
꽃을 좋아하세요

색깔을 잃어버린 입술이
답을 풀어놓지 못하고 머뭇거릴 때

양철 대문 안쪽
햇살이 빗질해 놓은 풍경이 열린다

어느 꿈속 잠시 머물기도 했던 곳,

그녀가 입맞춤하는 봉오리마다
따듯하게 꽃잎 피어나다가

이생에서 만난 적 없는 바람이 지나가면
꽃도 그녀도 풍경 속에서 천천히 지워진다

>

엉킨 장미의 넝쿨을 뒤적이며
나는 또 길을 잃는다

건너편의 오후

비가 그쳐도 버스는 오지 않았다

길 건너편 남자는
우산 대신 꽃다발을 든 채
오른쪽 얼굴만 보여주었다

의자에 앉았던 빗방울들 말라가도
오후의 그림자가 조금씩 길어져도
마주한 정류장의 정적은 깨지지 않았다

남자도 그의 꽃도 시들어갔다
전생을 반쯤 돌아
나에게 도착한 향기도 풀이 죽어 있었다

낯선 도시, 길고도 긴 시간을 사이에 두고
우리는 기다림을 함께 기다렸다

영영 돌아오지 못하기라도 하듯
버스는 아직도 오지 않고,

그의 왼쪽이 궁금해졌을 때
안개 같은 바람이 불어오며
꽃다발 속으로 그가 사라져 갔다

알알이 새기다

먹구름으로 빚은 새가
유리창에 수만 개 알을 낳아놓고 날아갔네
그 방엔 죽어가는 아기 새들이
얼룩을 뒤집어쓰고 웅크려 있었네

후– 입김을 불어 넣어 주자
아직 꺼지지 않은 심장
파동을 붙들고 부르르 안간힘이었네
공중이 부드러운 혀를 내밀기 전
숨을 내쉬어야 한다는 듯
한 방울 남은 기운을
힘겹게 맺고 있었네

틈 하나 없는 유리 절벽
잠시 뒤돌아섰다가 바라보니
알들은 껍질도 없이 사라지고
새의 울음소리만 빨갛게
손가락 끝에 묻어났네

3부

옷장

껍질 한 벌 옷걸이에 걸려 있다

몸피 마르던 날들을 지나

입술주머니 속 애벌레 혼잣말 되어 날아갈 때

숨소리 끝자락에 붙어 있던 라벨은 실밥이 뜯겼다

그가 가볍게 사라진 후

손가락 사이 밤을 비벼보면

오래 마른 허물처럼 별가루가 끝도 없이 날렸다

위험한 휴전

당신은 툭, 내뱉은 나의 말을
부수려 한다

칼날 같은 혀가 헛돌 땐
벌컥 숨 한 모금 마시며
기어이 가루로 만들겠다고 한다

사정없이 소음 쏟아내어
매끄럽던 벽에 실금 새긴다

유리컵에 담겨
불꽃 한 번 튕겨보지만

출렁거리던 방안, 고요해지며

나는 나를 잃어버렸다

접시 돌리기

바늘이 돌지 않던 시계,
바닥으로 떨어져 깨져버렸습니다

얼른 조각을 주워들었으나
감쪽같이 이어붙일 수 없었습니다

그녀는 둥근 것들을 찾아
하나씩 손가락 끝에 올려놓고
돌리는 일을 멈추지 않았습니다

중요한 것은 궤도의 중심점을 찾는 일

몇 번의 현기증이 지나가고
모든 문을 닫은 방이
휘청거리기도 했습니다

모서리를 둥글게 깎은 식탁엔
우그러진 접시들이 가득했습니다

뒤엉킨 낮과 밤이
차츰 제자리를 찾아갈 때

>

마침내 그녀의 머리 위에서
회전목마, 별자리, 우주가
끊임없이 돌아가고 있었습니다

태풍도 그녀의 손끝에서 휘돌아 나왔습니다

비가 읽는 책

그 집 대문 앞에 버려진
묵은 책 한 권

헌 모서리가 젖어 들자
아무도 들은 적 없는 이야기
가만가만 새어 나오네

남몰래 살갗이 된 사람,
여백의 낙서는 붉은 통증으로 번지고
녹물 같은 목소리
어스름의 귓바퀴에 고이네

뜨거운 폭풍의 손길이 다녀간 듯
북– 길게 찢긴 곳,
책은 잠시 말을 잃기도 하네

우리는 무거운 파동을 맞추고
서로에게 깊이 스며들면서
굳어있던 기억들을
천천히 풀어놓네

감추고 싶은 뒷면과 앞면이

축축하게 붙어버린 저녁
이미 저물어버린 감정으로
바람이 다음 생을 기웃거리네

읽다 만 페이지에 가름끈을 끼우면
젖은 책의 표지가
조금 더 헐거워지네

건조 소녀

목이 좁은 화병에 꽂힌 지 오래
더는 키가 자라질 않아요

접시마다 먼지만 가득 차려진 식탁
전등갓에 반사되는 어둠을 덧바르면서
꽃받침에 간신히 꽃잎을 붙잡아 두어요

웅크렸던 색깔들이
하나, 둘, 떨어져 내릴 때마다
최대한 움직이지 말아야 해요
말라붙은 파문도 잠재워야 해요

물관 끝까지 당신 목소리가 차오르면
사막 같은 눈물샘을 아무도 모르게 긁어 보아요

화병의 깨진 실금을 잡고
하루가 또 적막하게 부서지고 있어요
당신이 버린 식탁은
목마른 허기로 배가 불러요

청춘

— 어느 저문 바닷가에서

불발된 폭죽만 드문드문 모래밭에 박혀 있었다

애도

손때 묻은 가방을 잃어버렸다

항상 접어서 가지고 다니던
당신의 그림자도 더는 만날 수 없었다

손가락이 가방을 기억해낼 때마다
환영처럼 손잡이가 떠다녔다

색이 마음에 들지 않았어,
애써 흠집을 잡아야 했다

주위 모든 것이 입을 벌렸다
마른 웅덩이, 신발, 물컵, 종이상자,

잃어버린 것은 다만 하나였는데
사물들의 혀 속에 갇혀 허우적거렸다

나는 가방을 걸어두었던 못이 되어
고개를 숙이듯 구부러졌다

가장 아름다운 빛으로
천 개의 별을 접어

안녕, 안녕,
당신의 무덤에 심어주었다

진맥

때가 낀 소매의 단추를 끄르고
망설이듯 내미는 팔목

그는 파리한 핏줄 위에
깊은 지문의 손가락을 올려놓았다

푸른 동맥을 따라서 끊임없이
다족류의 벌레들이 지나갔다

그는 팔뚝에 작은 문을 그리더니
천천히 녹슨 열쇠를 돌렸다

찰칵, 문 열리는 소리가 심장 속으로 퍼지자
벌레들은 구석구석 그늘을 찾아 숨었다

멈췄던 맥박이 다시 뛰었다
탁상시계의 초침도 틱, 틱, 소리를 찾았다

나의 호흡은 여전히 먹구름을 통과하는 중이었다

벌레들은 언제쯤 나타날까요
완벽히 화창한 날은 영원히 오지 않아요

>

다 안다는 듯 그는
물기 없는 약을 건네주며 다시 보자고 했다

늙지 않는 여자

날짜들은 바래도 시들지 못한다

립스틱은 여전히 검고
무릎을 껴안은 자세는 첫날 그대로

먼 숲 휘파람 소리가
여자의 몸을 낚아 올리기엔
밤의 그물 약하다

날마다 죽은 요일들 쌓여가고

가까이 다가가면 묵은 물감 냄새가 난다
지나간 약속이 검게 돋은 팔목

절기와 기념일 다 지나가
시선 닿을 수 없는 뒤편으로 넘기려 해도

몸의 굴곡 풀지 않는다

각진 방에 앉아, 여자는
늙지 않는 웃음만 흘린다

검은 목구멍

관절마다 성에가 핀 양버즘나무는 오늘도 종일 기침을 했다 검은 목구멍에서 달을 삼킨 사람들이 걸어 나오다 썩은 나이테에 걸려 넘어졌다 바닥이 그들보다 먼저 일어나 놀란 얼굴을 삼켜 버렸다 구부러진 달빛이 자꾸 등에 매달렸다 닫힌 창문 같은 눈빛으로 악취를 뒤적거리던 새벽, 손가락 마디마다 배어 있던 안개가 진물처럼 흘러내렸다 가로등은 서성거리는 발목을 붙잡아다가 껍질 같은 그림자를 키웠다 도로마다 그림자의 비명으로 실금이 가고 갇혔던 발자국들 한꺼번에 쏟아져 나왔다 미명이 오면 한층 더 깜깜해진 배를 쓰다듬는 사람들, 그믐달을 토해 놓은 채 눌어붙은 목구멍으로 다시 들어갔다

굳어진 말

분사되지 못한 말들은 점점 굳어졌다

거대한 불꽃 보이지 않더라도
스스로 뒹굴어
혀에 박힌 핀을 빼고 싶었다

더러 왁자지껄, 묵은 공기가 타올라도
바람에 휩쓸릴 뿐

밖에서 들리는 사이렌 소리에 잠깐
온몸의 힘줄 부풀어 오르고
말이 되지 못한 말이 목구멍에 걸린다

누군가 흔들어 주길 바랐지만

벗어나지 못한 구석
소화불량 걸린 자리

정전

라디오에서 새들이 날아올랐다

빛을 향해 가려고 공중을 돌다가 그만
천장에 부딪히고 말았다
날개가 부러진 채
이끼 가득한 어항으로 떨어졌다

지느러미가 없는 새는 이끼의 먹이
날갯짓이 점점 작아지다가
검은 부리는 바닥으로 가라앉고
깃털만 물 위에 떠 있고

사체 가득한 어항처럼 비릿한 방에 반쯤 누운 그녀
눈 깜빡임으로 그려 넣은 별자리는 희미해지고

새들이 돌아오지 않는 라디오는 노래를 멈추고

별빛 화병

음각 무늬가 새겨진 화병은
상자 속 어둠에 오래도록 갇혀 있었다
깎여나간 시간을 바라보니
흙터 더욱 깊어지는 소리
꽃잎 떨어지는 소리
먼지들 몰래 뒤척이는 소리
조금씩 조금씩 새어 나왔다
나는 향기 잃은 그 소리를 쓰다듬으며
바닥까지 환해지도록
별빛 한 다발 꺾어 꽂아놓았다

질문

악몽은 옆구리에 지느러미를 달고
방 안을 헤엄치기 시작했다

시간이 반쯤 남은 수족관

벽시계는 아주 천천히
아가미를 벌렸다가 닫았다

굴절된 별빛의 방향을 따라
가시 뼈 사이사이 통증이 물풀처럼 흔들렸다

나는 매번 거품 같은 질문을 했고
시계는 물결처럼 매번 같은 대답을 했다

바람 빠진 부레로 물살을 넘나드는 동안

새벽은 몸속의 가시를 뽑아내며
비린내만 남긴 채 허물어졌다

다시 클리닉

당신 손바닥이 나의 목을 쓰다듬어요
얼었던 하루가 말랑하게 녹고
현기증을 앓던 생각도 제자리를 찾아요
눈빛보다 가벼운 손가락으로
뼈 사이사이에 바람을 넣으면
짧아졌던 목이 다시, 길어지고
어긋나게 닫혔던 문들이 열리죠
당신이 팔을 저을 때마다
흉터에 갇혔던 안개도 피어나고
물에 풀어진 한지처럼 난, 나를 놓아요
따듯했던 마법이 풀리면
다시 또 얼음이 되네요
당신 손 체온이 자국을 남길 때까지는

4부

화장花葬

동백나무 아래 검은 봉지가 버려졌다
찢어진 틈으로 비어져 나온
고양이의 발
누구에게 버려진 죽음일까
동백나무가 꽃을 떨어트려 고양이를 덮는다
얼었던 울음이 야옹,
동백나무 가지로 올라간다
마지막이 되어서야 혼자가 아니었다고
옥상에서마저 쫓겨난 필립 클레이*처럼
동백나무 봉안당에서 처음으로 꽃이 되었다

* 미국에서 쫓겨난 한국입양인, 한국에 와서도 고립되어 끝내 자살, 벽제의 봉안당에 봉안됨(2017).

밤의 수족관

감추어졌던 빛이 드러났다

나는 부력이 사라진 옥상에 걸터앉아
손가락 끝으로 불빛을 이어갔다

빌딩 끝에서 시작하여 가로수 길을 이어가다가 요양병원에서 꺾어 천변 도로를 지나 골목으로 들어섰더니

물고기 한 마리 물살 위로 떠올랐다

꼬리지느러미가 잘린, 토르소를 닮은, 애초부터 어둠이었던 것처럼 눈이 퇴화한, 비늘에 십자가의 낙인이 찍힌,

휘어진 몸으로 수초에 걸려
아가미엔 늘 모래가 서걱거렸을 물고기

짧은 순간, 수면 속에서 솟구쳐 올라와
마지막 숨을 몰아쉬고
자신의 별자리를 찾아 떠나갔다

종이컵이 하는 말

미지근한 이야기를 듣고 있으면
자꾸 온도가 내려가
줄거리는 바로 잊어버리지

담기는 것에 따라 이름은 달라지고
말이 비워질수록 단단함을 잃어가

비우지 못한 시간, 바닥에 떨어져도
조각나 흩어지지는 않지만
샹들리에 불빛 아래 진열되지 못하고
막간을 살다가 끝나지

손을 잡고도 날 보려 하지 않아, 넌
실없는 향기를 눌러놓고
바람이 물렁거리길 바라는 거니까

잠깐 젖는 것으로 만족해

내일 같은 건 약속 받지 못해도
구겨지지 않는 부활을 꿈꾸지

요절

손금에서 물소리가 들리기 시작했다

꽃에 대한 말들이 공중을 떠돌다 손가락 사이로 모여든 것

한 모금 후의 입김처럼 가볍게 흘린 말이 쌓여

골짜기를 이루고 흘러가는 듯했으나 잔금에 가로막혔다

독초 같은 이끼가 검붉게 자라났다

꽃잎은 찢어졌으나 향기를 잃지 않았던 꽃

손바닥 안에서 오므라들고 말았다

소문의 가시 박힌 듯 물고기 썩은 냄새가 범람했다

먹구름이 몰려와 쏟아 낸 빗물, 잔금의 둑을 넘어갈 때

꽃은 힘에 겨워 다른 운명을 기웃거렸지만

그의 것이 아닌 듯 손금 밖으로 밀려났다

들판 가득

발목에 감겨오는 지칭개 봉오리마다 화색이 돌았습니다

검지 안쪽 덧난 상처 위에 한 움큼씩 찧어 올려놓던 할머니의 약

올해도 어김없이 들판 가득 보내온, 언 땅속 할머니 손가락 같은 꽃대

명치끝에 오래도록 대어 보았습니다

새소리 비릿한 아침 들녘이었습니다

일회용

관에 누우면 감추고 있던 방향이 드러난다

신발 속에서 휘어진

오른발은 오른쪽으로
왼발은 왼쪽으로만 끄는 힘겨루기

신발을 벗어던지고
아무도 없는 덤불 속, 마음껏 헤매지도 못하고
비구름 되기 싫어
길 한복판에 드러누운 구름만 바라보는

구부러진 발가락 하나, 잘라주면 안 잡아먹지

휘어진 것 모두 잘라버리고
반듯한 길 찾아도 몸이 기울어진다

발가락 잘라주면 안 잡아먹지, 안 잡아먹지

일회용 관 같은 한의원 침대에 누워
발바닥으로 침針의 방향을 읽으며

부은 눈, 뜨지도 못하고 감지도 못하고

말풍선

1
화첩에 빈 말풍선이 끼워져 있다

말을 배우지 못한 물방울처럼
바라보면 사라질 것 같은

아이는 밤새 말 없음의 말을 지키느라
화첩에서 나오질 않는다

2
래빗, 너에게만 말할게 엄마 찾는 꿈을 꾸었어 파도가 날 삼키려는데 엄만 어디에도 없었어 혼자 풍선 타고 도망가려고 했더니 바람이 물새 부리 소문을 갖고 와서 찔렀어 그래서 터지고 말았어 엄마는 왜 날 구하러 오지 않았던 걸까

3
처음으로 화첩을 열고
말풍선에 아이 이름을 가득 채우는 엄마

아이는 망설이다가
손가락으로 천천히 덧쓰곤
재빨리 구석이 된다

>

아이와 함께 탄 풍선 그리고
물새 좇는 노래를 부르자
아이는 구석 풀고 따라 하다가
말을 배우기 시작한다

말풍선이 화첩 가득 날아오른다

골목을 그리는 아이

붉은 물고기들 지느러미 흔들며 벽 속을 떠돌고, 웅크린 주택의 창문 불빛도 꽃잎처럼 떨어진다. 단풍나무 마른 이파리 몇 개 축축한 바람이 슬몃슬몃 핥으며 지나가면, 집 나간 엄마의 얼굴에는 이끼가 자라나고, 길고양이 한 마리 다리 절뚝이며 구름을 밟고 다닌다 하늘 한쪽엔 해먹 같은 초승달 떠 있지만, 눈코 없는 졸라맨은 민들레 대궁을 꺾어 들고 씨앗처럼 날아갈 준비를 한다. 알코올 클리닉에 다녀온 아빠는 벽 속에서도 아직 비틀비틀, 해님 그리려는 순간 분필이 뚝, 부러진다. 그림들은 점점 시들어 짙어진 어둠과 함께 아이의 눈 속으로 빨려들고, 아이의 눈동자가 파문을 일으킨다. 바닥에 뒹구는 분필로는 이제 별 하나 그려 넣을 수 없다

가지치기

금 간 손바닥에 노을이 핀다

밋밋한 악수 모두 잘라내고
그는 무표정의 하루가 된다

해 지는 쪽으로 기울어진 어깨
무엇을 따라가는 몸짓일까

잘린 흔적은
시간을 조여 신은 발자국

걸어온 계절을 떼어낸 나무의 환상통처럼
손가락이 저릴 때면
떨어진 가지 주워 귀 기울이는 그,

남은 줄기에 혼잣말 촘촘 심는다

어둠이 속살 드러내면
가로등에 걸린 불빛처럼 구부정해지다가

조용히 자신을 껴안는
11월의 화요일

돌을 쌓다

출렁이는 물결을 돌멩이 위에 올려놓으려

한쪽으로 기운 심장 아래 그림자를 접어 받쳐놓고

바람이 어디서 얼마나 불어오는지 온몸으로 알아채며

물비린내 가득한 말 버리고도 한참

드디어 물결은 출렁임을 버리고 하나의 돌이 되었다

달빛 무도회

눌렸던 이름들이 모였다
뜨거웠던 첫 몸 잃은 껍질
남아있는 온기 털어내듯 밤을 흔들어댄다
모퉁이는 무대를 만들기 좋은 곳,
이제는 가면을 벗어야겠다고
바랜 표정 달빛에 드러내놓으며
구겨진 몸 펴서 스텝을 밟는다
옷장으로부터 묻혀온
눅눅한 체취가 날아간다
알맞은 거리로 멀어진 것일 뿐
버려진 것은 아니라고
한 번 더 스팟 턴을 한다
한때는 싱싱했던 헌 옷들
얼마쯤 유효기간이 남아
닫힌 문 돌아보지 않기 위해
오늘 밤 마지막 춤을 춘다
아직은 불릴 이름이 없지만
티셔츠의 고양이처럼
무늬로만 살았던 지난 시간은
용서하기로 한다
달빛이 그들의 체온을 따라 감겨온다
그림자들도 천천히 발자국을 찍는다

모로 누우면

아픈 건 아닌가,
소파에 누운 나를 지켜보느라

얼룩은 잠들지 않았습니다

괜찮다는 안부 덮고서도
나를 바라보기 좋은 곳에 자리 잡고

어젯밤엔 꿈까지 따라와
통증을 들여다보았으나
물기 없는 우물 바닥처럼
검불만 가득했습니다

초겨울 군불 같던 할머니, 머물던 자리
온기라도 남았을까
검불을 걷어내다가
바닥을 긁다가
잠은 깨고

당신이 돌아오기라도 한 듯
모로 누워
벽의 얼룩에 가만히 손을 대어보았습니다

서랍 무덤

화석이 된 일기를 꺼냈다

부장품으로 구석에 있던

서랍을 닫을 때 밀어 넣었던 글자들
조각 그림처럼 맞추어 보았다

뒤집힌 주머니 같은, 찢어진 지폐 같은, 짝 잃은 장갑 같은,

당신 일기 속, 내 이름을 불러보았다
굳어버린 어제가 떨어져 내렸다

아무에게도 손 내밀지 못했던 글자들
이제야 내게 왔다

일기를 이어 써야 할 시간이다

그림자를 심다

유리병에 그림자를 꽂았습니다
지난 밤, 잠 속으로
당신이 흘리고 간 문장입니다
뿌리가 내리길 기다렸지만
침대에서 몸을 일으키면 안개처럼 사라집니다

어디 있는지 모르는 당신을 찾아
여미지 못한 옷섶을 뒤적이고
유리창을 열었다 닫았다 합니다
물 없는 병에 소용돌이가 생겨납니다

어서 또 그림자를 보내주세요

웃자라기만 한 나는 빈 곳이 많습니다
누구라도 후우 바람을 불면
입김의 방향으로 휘어집니다

설핏 눈감은 사이 당신이 찾아와
키 작은 그림자를 내밉니다
화분에 꾹꾹 눌러 심었습니다
뿌리 내리고 열매 맺기까지 얼마나 걸릴까요
꿈에서 만난 당신은
아주 두꺼운 책이었는데요

오카리나 부는 여자

산기슭에 나무로 서서 새떼를 날려 보내네

구멍마다 갓 태어난 새, 비틀거리며 계곡 쪽으로 날아가네

바람이 연달아 그물을 치는, 언 하늘이 돌멩이를 떨구는, 그 사이

부리가 더 단단해지고 순한 발톱 날카로워지지만

산 그림자 속 한 바퀴 돌다가 어둑어둑 깊은 잠에 빠지기도 하네

공중에 나이테를 새기고 찢긴 날개로 새들이 돌아오면

여자는 반음 건너는 소리처럼 더 빠른 날갯짓을 부화시키네

해설

어미 없는 물고기들의 질문

박성준 시인 · 문학평론가

어미 없는 물고기들의 질문

박성준 시인 · 문학평론가

기묘한 몸

기묘한 집에 살고 있는 여자를 만났다. 불을 켜도 늘 '밤'인 것만 같은 방 안에서, 온몸을 움츠리고 있는 여자였다. 자신의 시간을 태곳적으로 되돌려 스스로 '퇴행'을 감내하고 있던 그녀는 "시력이 한 음씩 내려가기 시작"(「단조가 번지는 방 안」)하는 이상 징후를 느끼자, 돌연 그 사라지는 감각들을 하나둘씩 헤아리다가 멀쩡한 현시顯示로 지금—여기를 견딜 수 없다는 듯, 혹은 치명적인 듯 "목마른 허기로 배가 불러"(「건조 소녀」) 왔던 것이다. 그러나 그런 헛배부름에도 목적이 있었을까. 꿈이 있었을까.

"나는 나를 잃어버"(「위험한 휴전」)리기로 작정을 하고 난 날마다, 어김없이 "손잡이가 없는 난간처럼 아찔하게 밤이 깊어가고/ 뼈도 없는 밤"(「장미가 취했다」)은 그녀의 결손만큼, 부풀어 오르는 일이 잦았나 보다. 왜 그녀는 '밤', '그늘', '그림자' 따위 등 하강하는 것들과 유독 친연성을 띠고 있었는지, "구겨진 비닐봉지도 날개가 돋아나/ 담아두었던 울음을 뱉어(「창백」)낼 것만 같은 옥상에서는 오늘 하루치의 빨래가 마르고, 그 빨래를 쥐고 축 늘어진 몸 없는 옷가지들은 몸의 형체만 기억한 채, "바람과 달빛이 올 사이 끼워둔 나의 축축한 이야기를 다 읽어"(「한밤중 빨래를 널면」) 줄 것만 같은 포즈로 또 쓸쓸한 삶의 기후를 쓰고 있으니, 그녀와 관계 맺고, 곁에 있는 이 공간은 얼마나 그녀에게 가혹했던 것인가. 가령 "샤워기에서 뜨거운 모래가 쏟아"(「사막을 짓는 여자」)져 나와서 씻으면 씻을수록 온 집안이 모래로 넘쳐나고, 저 스스로도 사막의 일부가 되어 바스러지고 있는 몸으로, 그녀마저도 이 기묘한 집의 "기울어진 그늘"(「손금」)이 될 때, 우리를 한번쯤 생각해보았을까. 제 몸을 '해체'해서 자기 존재를 정립하려는 한 시인의 강한 의지를 말이다.

'퇴행'과 '해체'를 통한 어둠에 가 닿음, 그렇다. 이제부터 말하고자 하는 이 '집'은 이희은의 첫 '시집'에 관한 이야기다.

물(음)의 세계

이희은 시인에게 세상을 겪는 일, 세상에 대해 질문을 던지는 일이란 "악몽은 옆구리에 지느러미를 달고/ 방 안을 헤엄치기 시작했다"(「질문」)와 같은 구절처럼 가혹한 일인 듯하다. 그러니 이 시집의 시적 화자는 모두 나 바깥에 위치해있던 모든 당신들에게서 해명되지 않은 폭력을 감내하고 있는 인상으로 기능한다. "사물의 문을 열고자 했으나 늘 캄캄했다"(「시인의 말」)고 고백하기도 했거니와, 가령

"소화불량이 걸린 자리"처럼 "말이 되지 못한 말이 목구멍에 걸린다"(「굳어진 말」)거나 "당신은 툭, 내뱉은 나의 말을/ 부수려 한다"(「위험한 휴전」)는 세계와의 소통에 고역을 겪고 있는 사태들이 그렇게 읽힌다. 여기서 시인은 타자로 나아가는 '말의 고역'을 인내함에 앞서, 자신의 존재를 해명하는 몇 가지 방식을 선행한다. 이 과정에서 누차 반복되는 기표는 '어머니', '할머니'와 같은 선형적 여성 주체의 복원과 관계된다. 물론 이러한 주체에 가 닿는 방식에 있어서도 존재의 근원을 상징하는 '바다', '물고기'와 같은 기표를 반복적으로 차용한다. 다음 시편들을 경유해서 살펴보자.

우리는 서로의 팔뚝에
꼬리 없는 고양이를 새겨놓고
밤마다 골목에서 비틀거렸다

엄마가 들려주던 태몽이 생각나지 않을 때면
담장에 걸터앉아 탄생설화를 짓기도 했다

불빛처럼 가벼운 그 이야기를
농담처럼 귀에 넣고
우리는 기어이 손을 놓았다

키가 다 자란 누나는
마당 한편에 울음을 묻어놓고
훌쩍 보육원 담을 넘었다

저녁이 저 혼자
보름달을 베어 먹고 있었다
—「고양이 문신」 전문

머리카락 사이사이 몸 비비던 것들
헝클어진 시간이 호흡을 막아요
양수 안에서 웅크리고 몸의 길을 잡던
열 개의 시계가 천천히 사라져요

손가락 끝 소용돌이에서 흘러나온 것
깊이 배어 있던 활자들 흩어져 나와요
삼십 개의 계단 아래 숨어 있던 첫사랑처럼
잠깐 물거품으로 멈췄다가요
하루를 숨겨왔던 얼굴, 부욱-북 문지르면
모공 속 진물이 미끄러져 나와요
충혈된 무늬들은 목구멍을 자꾸 맴돌아요

어둠을 몰고 온 구두인 듯 발목을 휘감던
발자국들 어지러워요
혈관이 뚫렸다 막혔다 두근거려요

…… (중략) ……

먹구름이 들창을 열고 몰려와
욕실 가득 차오르네요
배꼽을 열고 저 거품을 다 빨아들이고 싶어요

— 「구름과 거품」 부분

인용한 두 편의 시에서 시적 화자는 '퇴행'을 온몸으로 겪고 있는 과정을 기술한다. 우선 「고양이 문신」에서는 "우리"라는 복수의 화자가 등장하는데, 여기서 "우리"는 "서로의 팔뚝에/ 꼬리 없는 고양이를 새겨놓고/ 밤마다 골목에서 비틀거렸다"는 고아들이다. 밤이면 어슬렁거리는 길고양이들처럼 제가 머물러야 하는 곳과 태어났던 곳을 망각한 채 살아가는 사람들은 "엄마가 들려주던 태몽"에 대한 기억도 변변치 않을 것으로 판단된다. 자신이 탄생했던 내력들까지도 하찮거나 무의미한 의미로 취급을 당했을 것이다. 그러니 이런 '길고양이'—'고아'—'집 없음의 존재'와 같은 상징 체계를 그대로 감내하며 살아가는 이들은, "탄생설화를 짓"는 일에 전 생애를 바칠 만도 하다. 나의 내력을 명확히 알고 있다는 것은 내 존재의 근원지의 명명을 통해서 앞으로 내가 나아가야 할 미래의 길을 전망하는 일이자, 내가 현재를 견디는 에너지로 작용될 수 있기 때문이다. 그러나 우리에게 허락된 기억이란 "불빛처럼 가벼운 그 이야기"라고 밖에 할 수 없는 "마당 한편에 울음을 묻어놓고/ 훌쩍 보육원 담을 넘었다"는 현실의 아픈 이야기들뿐이다. 다시 말해 이들의 어떤 사연도 '설화'의 층위에서 논해볼 수 없는 것이고, 아픔을 숨기기 위한 "농담" 같은 것이 될 처지인 것이다. 그래서 우리에게 당도한 밤은 "저녁이 저 혼자/ 보름달을 베어 먹고 있"는 빛 한 점 없는 그믐일 수밖에 없다. 그러나 시적 화자는 그믐이 단지 어둠이 빛을 삼킨 밤의 상태가 아니라 명확히 지구 주위를 공전하며 빛을 발아하고 있는 꽉 찬 달의 '실재'가 단지 가려진 상태라는 것을 알고 있다. 즉 내가 비록 고아거나 길고양이의 처지로 비유될 수밖에 없는 상태더라도 나 또한 '모르는 엄마'에게 소중한 탄생 설화를 들을 수 있었던 소중한 존재라는 것을 잊지 않고 견지해야 한다는 의지에 의지를 놓치지 않아야 한다는 의미인 것이다. 그러니 시적 화자는 "잠 속에서 또 잠이 들었어요 …… 어느 날 문득,/ 당신 눈 속에서 조용히 헤엄치는/ 나를 볼 수 있을 거예요" (「바다를 준비하세요」)라는 구문처럼 '없는 어머니'의 '눈 속'을 헤엄치고 있는 자아를 꿈꿀 법하다.

「구름과 거품」에서도 그렇다. "머리카락 사이사이 몸 비비던 것들"이란 무엇인가. "양수 안에서 웅크리고 몸의 길을 잡던" 탯줄과 태아 사이의 당김이 팽팽해지고 헝클어지는 것을 반복하는 그 열 달("열 개의 시간") 동안, 아이는 어머니의 몸에서 바깥 세계를 배운다. 마치 '물고기'처럼 양수 속을 바다인 듯 착각하면서 시간을 지워 몸을 채우고, 새 생명이 되기를 준비한다. 그러나 여기서 시적 화자의 태도가 수상하다. 양수 속을 헤엄치는 태아의 시간이 그리 따뜻하지만은 않을 것으로 인식한다는 데에서 문제적이다. "하루를 숨겨왔던 얼굴, 부욱-북 문지르면/ 모공 속 진물이 미끄러져 나와요/ 충혈된 무늬들은 목구멍을 자꾸 맴돌아요"라는 구절에서도 미루어 볼 수 있듯, 시적 화자는 양수 속에서 자라는 시간을 통증의 시간으로 느낀다. 즉 '성장'이 '통증'이 될 수밖에 없는 사태에 놓여 있는 자아였다는 것이다. 그러니 태아였던 내가 태동을 만드는 일 또한 "어둠을 몰고 온 구두"와 같은 폭력적/ 사회적 주체가 가하는 발길질로 표현

될 수밖에 없는 것이다. 그러나 이러한 폭력은 폭력임과 동시에 상징 질서 체계에 살아갈 수밖에 없도록 하는 사회화에 가깝다. 세계를 "혈관이 뚫렸다 막혔다"를 반복하는 것으로 인지한 채, 자라는 그 과정이 고통스러우면서도 화자는 그저 "두근거"릴 수밖에 없었다.

그러니 이러한 사태는 '구름'이나 '거품'의 질감이다. 구름이나 거품처럼 실체가 명확히 있는 것이 아니라 부풀려진 것. 다시 말해 무거워지면 비가 내릴 수밖에 없는 존재의 허상이거나 숨이 죽어버리면 형체가 사라지는 거품의 생리처럼, 생명 또한 시적 화자에게는 부풀려진 사건에 지나지 않는 고역의 상태인 것이다. 그리고 그렇게 '구름'의 부피가 비대해져 '비'가 된다면, 태어날 아이의 운명은 "남몰래 살갗이 된 사람/ 여백의 낙서는 붉은 통증으로 번지고/ 녹물 같은 목소리"(「비가 읽는 책」)를 가질 사회(상질 질서)에 편입될 자아로 전락해버릴 수밖에 없을 것이다. 그저 유령처럼, 말이다. 이쯤 되면, 이희은의 퇴행과 자기 근원적 존재 물음에 관해 더 명징하게 해부해야만 이 시집의 시적 화자의 의도를 좀 더 명확히 파악할 수 있을 것 같다. 태초의 '물고기'가 유영하는 운동성을 가시화하는 시편을 더 살펴보자.

> 냇물은 마른기침하며 흘러가고 있었지
> 가장자리부터 물살의 골이 깊어지면
> 할머니는 풀물 든 발을 젖은 바닥에 내려놓았어
> 물고기 떼 몰려와 입술을 댈 땐
> 갈라진 발톱이 조금씩 허물어졌어

발목에선 묵은 나이테가 풀어져 나오고
잎맥처럼 가느다란 핏줄도 서서히 지워졌어
몸의 등고선이 무너지고 있었던 거야
할머니는 사라지는 발이 간지러운 듯
얼굴을 아주 잘게 접었어
가끔 물에 뜨는 등고선을 걷어내어
표정을 씻으면 눈빛도 한 겹 얇아졌지
폐곡선을 그리는 등뼈 위에
무거운 햇살이 내려와 앉았어
물살이 핥아 먹은 발을
헐렁한 고무신에 담아 집으로 돌아갈 때
물의 발자국만 할머니를 뒤따랐어
—「헐렁한 등고선」 전문

붉은 물고기들 지느러미 흔들며 벽 속을 떠돌고, 웅크린 주택의 창문 불빛도 꽃잎처럼 떨어진다, 단풍나무 마른 이파리 몇 개 축축한 바람이 슬몃슬몃 핥으며 지나가면, 집 나간 엄마의 얼굴에는 이끼가 자라나고, 길고양이 한 마리 다리 절뚝이며 구름을 밟고 다닌다 하늘 한쪽엔 해먹 같은 초승달 떠 있지만, 눈코 없는 졸라맨은 민들레 대궁을 꺾어 들고 씨앗처럼 날아갈 준비를 한다, 알코올 클리닉에 다녀온 아빠는 벽 속에서도 아직 비틀비틀, 해님 그리려는 순간 분필이 뚝, 부러진다, 그림들은 점점 시들어 짙어진 어둠과 함께 아이의 눈 속으로 빨려들고, 아이의 눈동자가 파문을 일으킨다, 바닥에 뒹구는 분필로는 이제 별 하나 그려 넣을 수 없다

— 「골목을 그리는 아이」 전문

화자의 근원적 표상이라 할 수 있는 '할머니'이란 몸의 성질을 "헐렁한" 기표로 수사하고 있는, 인용시 「헐렁한 등고선」은 훼손된 태초에 몸의 공간을 다음과 같이 표현한다. 먼저 "가장자리부터 물살의 골이 깊어"지는 냇물에 "갈라진 발톱이 조금씩 허물어"지는 몸을 누이고, "발목에선 묵은 나이테가 풀어져 나오"는 것처럼 나무의 형상을 한 할머니가 제 뿌리를 물살에 닳고 닳아가는 모습을 그려내고 있다. "잎맥처럼 가느다란 핏줄도 서서히 지워"질 수밖에 없는 '할미 나무'의 위치는 제 살이 지워지면서도 "사라지는 발"(뿌리)의 고통을 '간지러움'이란 가벼운 감각으로 느끼며, 냇가를 지키는 수호신처럼 그저 모든 대지를 끌어안고 버티는 형상으로 제시된다.

이때 시적 화자가 '할미 나무'의 등고선에 집착하는 이유는 그 자신이 그 냇가를 유영하는 '물고기'의 모습과 다르지 않기 때문이다. "핏줄도 서서히 지워졌어"라고 언급하기도 했거니와, "가끔 물에 뜨는 등고선을 걷어내"고 있다고도 했다. 물론 이런 작용을 행하는 주체는 '할머니'(나무)로도 '물고기'로도 대변되는 시적 화자의 주체도 아니다. 자연의 생리 그 자체일 수 있다. 그러니 세계를 관장하고 있는 자연 앞에서 '할머니'는 제 몸의 근원(뿌리)을 지우고 있으나 그것은 단순히 자신을 소멸하는 행위가 아니다. '할미 나무'의 행위는 자신을 소멸시키고, 물(냇물)을 마르도록 하는 행위가 아니라, 자신의 '희생'을 통해 냇가의 생태계를 건립하고 있는 '자연 섭리'와 그 면면들을 수사하는 맥락으로 읽히기 충만한 것이다. 그리고 더 나아가 할머니의 행위를 세계의 균형을 맞추는 행위의 차원까지 수사하고 있는 것처럼 보인다. 그러니 그곳에서 '물고기의 삶'은 '할미 나무'의 자장 아래서 성장할 수밖에 없다. "물살이 핥아 먹은 발" 즉 '생명의 뿌리'는 물(생명)과 관류하며 이곳의 생태계를 유지하는 기표로 기능한다. 그러므로 나 또한 그러한 할머니의 존재감에서 시발되어, '나무'의 상승적 기표만큼 '물고기'의 하강적 기표로 이 세계에 가라앉아 있는 것이다. 때문에 "물의 발자국만 할머니를 뒤따"랐다는 화자의 선언은 '물의 세계'에서 '할머니'—'어머니'—'물고기'—'나'에 이르기까지 자기 존재를 인지하는 근원적 표상이라 할 수 있겠다. 할머니의 생태를 '등고선'이라는 기표, 즉 높낮이의 기표로 가늠해보겠다는 의지가 투영된 화자의 의지적 결과이다. 그러나 그러한 생태계의 긴장감이 헐렁하다니! 이는 또 무슨 의미일까.

「골목을 그리는 아이」을 경유해서 살펴보자. 우선 이 시에서 '아이'는 '집'을 그리는 것이 아니라 "골목"을 그리고 있다는 것에 주목하자. 아이는 "붉은 물고기들 지느러미 흔들며 벽 속을 떠돌고, 웅크린 주택의 창문 불빛도 꽃잎처럼 떨어"지는 현상이 반복되는 집 밖에서, 골목을 관찰하고 있다. 오래 전에 집을 나갔는지, "얼굴에 이끼가 자라"고 있다는 엄마는 아이 곁에 없다. 아빠 또한 "알코올 클리닉에 다녀온" 존재로 일상생활이 위태로운 상황이다. 그러니 아이의 눈동자에 들어온 세계란 기댈 수 있는 부모가 없는 "파문"의 세계일 수밖에 없는 것이다. 다시 말해 오이디푸스든 엘렉트라든 아이에게는 '원형 공감'과 '상징 질서'가 수용될 수 없는 처지라는 것이다. 때문에 「헐렁한 등고선」에서 나무로 표상되는 할머니의 '뿌리지우기'의 희생 또한 아이에게는 강하게 작용되는 모성적 · 근원적 끈으로 작용되는 것이 아니라, 그저 '헐렁한' 끈일 뿐이다. 그러므로 그 헐렁한 끈을 팽팽하게 긴장하도록 만들어야할 욕망이 이희은의 시에서는 누차 반복된다.

시적 화자가 세계의 균열된 순간은 "파문"이라고 표현한 것이나, 혹은 붉은 벽돌집의 외형을 물속을 유영하는 물고기의 형상으로 묘사한 부분을 상기해보자. 화자는 균열된 세계의 편린들을 '물의 세계'로 인지하고 있기 때문에 "파문"이라 언술했을 것이고, 화자의 내면 깊이 가라앉은 사연들을 봉인하는 붉은 벽돌집도 '물의 공간'으로 그려냈던 것이다. 그러므로 이렇게 조직된 세계는 '물의 세계'이자, 자기 존재에 대해 끊임없이 물음을 던지는 '물음의 세계'이다.

질문하는 물고기, ―되기

그렇다면 이희은 시의 존재상은 왜 '물'의 종속이자 '물음'이 될 수밖에 없었는가. 앞서 '물'과 친연성에 관해서는 훼손된 뿌리/ 근본 감각을 복원하려는 시적 의지에서부터 기인한다고도 했거니와, '상상계'를 겪지 못하고, '상징계'에 이른 시적 화자의 결손된 자아감에 대해 시인의 욕망이 끊임없이 투사된다고도 했었다. 이러한 시인의 욕망이 자기 물음의 방식으로 되풀이되고 있는 것은 이희은의 시 세계가 단순히 '동일성'의 맥락에서 그 의미가 증폭되는 것이 아니라 '상호규정'과 그에 따른 '차이'로 인한 '변화'와 '생성'의 맥락으로 증산된다고 볼 수 있겠다. 가령 들뢰즈 철학에서 존재 양태의 핵심은 '잠재성'과 '—되기'를 통한 변이와 차이, 반복에 따른 생성에 무한함에 있다. 즉 세계의 본질은 불변하는 것이 아니라 영원한 변화와 운동성을 통해 생성되고 있다는 것이다. 예컨대 '기관 없는 신체'라는 개념 또한 기관이 마련되지 않은 '태아'의 상태로 몸을 되돌리는 것을 지칭하는 것이 아니라 잠재화되거나 사건화될 '가능성'의 집합체들을 말하는 것이다.

앞서 「골목을 그리는 아이」에서도, 골목을 그리고 있는 행위 주체인 아이에 의해 조직된 세계는 이미 아이 화자에 의해 판명이 끝난 세계가 아니라 아이의 시선("아이의 눈 속")에 따라 그려지고 있는 과정 중에 놓여 있는 잠재적 사건들이다. "해먹 같은 초승달" "눈코 없는 졸라맨"의 외적 형상이 이미 잠재화되어 있는 '기관 없는 신체'의 표상인 것은 물론이거니와, "길고양이 한 마리 다리 절뚝이며 구름을 밟고 다닌다"거나 "민들레 대궁을 꺾어 들고 씨앗처럼 날아갈 준비를 한다"와 같은 존재의 결손된 상태 또한 존재의 결핍이자 동시에 어떤 것으로든 나아갈 수 있다는 가능성 기표라고 할 수 있다. 그러므로 한 생애를 다음과 같이 형상화시켜볼 수도 있었던 것이다.

> 포근한 고치가 필요했던 여자는 장롱 서랍에 들어가 스스로 갇혔다 가늘고 긴 바람이 모서리로 함께 들어왔다 어둠을 더듬거리며 털실 한 가닥 찾아내 손가락에 감았다 실이 점점 감겨갈수록 배가 움푹 꺼지고 늑골이 선명해졌다 공중을 긋는 빗소리와 바람의 올을 섞어 쉬지 않고 얽어나

갔다 그리움의 무늬를 완성하기 전까지는 밖으로 나갈 수 없었다 가슴을 짜 올라갈 땐 너무 일찍 잃어버렸던 젖 냄새가 비릿하게 풍겨 나왔다 따뜻한 입술을 만드는 동안 들어보지 못했던 둥근 목소리가 바늘 위로 굴러다녔다 한 가닥씩 떨어지는 머리카락으로 마지막 눈동자를 떠가다가 나비가 되기 직전 그만, 바늘을 놓쳐버렸다 바닥에 쌓였던 먼지들이 날아올랐다가 고요히 내려앉았다

어느 맑은 날 우연히 열어본 서랍 속엔
짜다만 빨간 스웨터의 엄마가 올이 풀린 날개로 누워 있었다

—「짜다만 나비」 전문

우선 인용한 시를 뒤에서부터 읽어보자. "짜다만 빨간 스웨터의 엄마가 올이 풀린 날개로 누워 있었다"는 이야기는 "장롱 서랍에 들어가 스스로 갇"힌 여자의 일생을 비유하는, 언뜻 결론적 정황으로 보인다. 물론 이희은은 이와 같은 '봉인'과 '어둠'의 속성을 가진 상징 기표들은 「별빛 화병」에는 "상자 속 어둠에 오래도록 갇혀"있는 시간을 청각적으로 풀어내면서 "나는 향기 잃은 그 소리를 쓰다듬으며" "흉터 더욱 깊어지는 소리/ 꽃잎 떨어지는 소리/ 먼지들 몰래 뒤척이는 소리" 등으로 계열화시키기도 하고, 「서랍 무덤」에서는 "아무에게도 손 내밀지 못했던 글자들/ 이제야 내게 왔다"며 어머니의 "일기 속, 내 이름을" 부르며, 자신이 이어 쓰는 일기의 주체가 된 것에 관한 알리바이를 만들어 놓기도 했었다.

그러나 '엄마의 일생'과 "고치"에서 나비가 되어가는 과정을 언술하는 그 은유 체계를 가만히 꿰뚫어 보면, 이 시의 상징체계는 나비가 되려고 하는 잠재적 자아의 수난의 일대기를 생생하게 그린 가편이라 할 수 있다. "가늘고 긴 바람이 모서리로 함께 들어왔"다가 "어둠을 더듬거리"고 "털실"로 제 삶에 내재된 어둠을 직조해낼 때마다 "배가 움푹 꺼지고 늑골이 선명해졌다"는 '고치—되기'의 과정은 "여자"가 "어머니"로 재탄생하는 인고의 모습을 일 것이다. 여기서 "너무 일찍 잃어버렸던 젖 냄새"나 "그리움의 무늬를 완성하기 전까지는 밖으로 나갈 수 없었"다는 여자의 사연은 '모성'으로 가 닿지 못한 자기 존재에 대한 연민이자, 수동적 사태에 누차 내몰릴 수밖에 없었던 '서랍 속 같은 삶'에 대한 고백이다. 어떤 억압이 명징하게 있었다고 언술하고 있지는 않으나 그 세월이 '나비'로 비상하지 못했다는 결과를 통해 유추되는 방식을 취하고 있는 것이다.

다시 말해 고치 속에서 벌레가 날개를 짜는 정황과 스웨터를 짜면서 제 몸에 맞는 옷을 만드는 정황, 여자가 어머니라는 이름으로 살아가게 되는 모성적 자아로 변이하는 정황 등이 서로 교차하면서, 변화 가능성에 놓여 있는 잠재적 자아를 가시화하는 동시에 새로이 생성될 몸의 기록에 대해 전망한다. 물론 그것이 여성의 완성이 모성성이라는 재래적 정언 논리로 치우쳐 맥락화된 부분이 없지는 않으나, 모성의 붕괴를 시집 전체에서 형상화 한 이희은의 시적 전략을 상기해보면 이 또한 "짜다만"이라는 수사처럼 미완성/ 미규정성의 세계를 전망하려 했다고 판단할 수도 있을 것이다. "엄마의 바다가 닫히면서/ 나의 물결은 시작"(「월식」)되었다는 구절처럼, 붕괴된 모성에서부터 기인한 생성의 전략인 셈이다.

아울러 이 시집 전편에 걸쳐 '—되기'의 생성 전략이 반복되고 있는 경향 또한 간과할 수 없다. 「사막 짓는 여자」에서 "발뒤꿈치가 사르륵사르륵 부서지"면서 제 자신도 사막이 되어가는 과정이라든가, "나는 가방을 걸어두었던 못이 되어/ 고개를 숙이듯 구부러지"겠다는 「애도」에서의 온몸을 바친 감흥방식이라든가, 「한 방울 사람」에서 "녹지 않는 눈"의 존재를 상기시키며, "나는 눈사람이 되"었다고 변환하는 방식 등이 그렇다. 제 몸의 성질을 변환키면서 시적 화자는 세계에 균열이 든 자리에 새로운 통점을 마련하고 있다. 뿐만 아니라 "체온이 자국을 남길 때까지" "다시 또 얼음이 되"겠다는 「다시 클리닉」의 언술이나, 「문밖에서 뒤돌아보네」에서는 "벽지 속에서 자신의 몸을 내려다보"는 노인이 "빛이 된지 한참"이라는 표현, 「그늘도 마른」에서는 "마른 꽃이 되었"다는 할머니를 치맛자락 속 그늘을 "귓속"에 들이겠다는 순한 정서감 또한, 모두 시적 화자의 자기 해체를 통한 '(　)—되기' 생성 전략들임을 알 수 있다. 다시 말해 시인은 이러한 변이를 통해 존재의 이면을 복권하는 "문장을 지우는 문장을 만들어/ 거기 감추어 둔 신호"(「얼룩의 얼굴」)를 발견하려고 했던 것이다. 물론 그 길을 안내하는 주체는 종국에는 "물고기들의 눈빛"(「얼룩의 얼굴」)이다.

1
바닥까지 가라앉은 제 모습을
건져 올리던 사내

마르지 않는 물의 숨결을 받아먹고
돌이 되었다

2
돌의 가슴에 맥박 하나 박혔다
개울이 수만 개, 물의 화살을 쏘아 보내는 동안에도
심장은 탈색되지 않았다
돌을 잡으려는 순간
깊은 잠 속 누웠던 물고기 한 마리
파다닥, 꼬리지느러미 흔들며 문을 닫았다
—「물속의 돌」 전문

악몽은 옆구리에 지느러미를 달고
방 안을 헤엄치기 시작했다

시간이 반쯤 남은 수족관

벽시계는 아주 천천히
아가미를 벌렸다가 닫았다

굴절된 별빛의 방향을 따라
가시 뼈 사이사이 통증이 물풀처럼 흔들렸다

나는 매번 거품 같은 질문을 했고
시계는 물결처럼 매번 같은 대답을 했다

바람 빠진 부레로 물살을 넘나드는 동안

새벽은 몸속의 가시를 뽑아내며
비린내만 남긴 채 허물어졌다
—「질문」 전문

「물속의 돌」에서 "마르지 않는 물의 숨결을 받아먹고/ 돌"이 되었다는 사내의 사연은 사내의 몸이 흐르는 물살 곁에서 "돌"에서 "물고기"로 다시금 탈바꿈되는 '生—死—生'의 윤회의 과정을 거치는 것으로 묘파되고 있다. 여기서 행위 주체인 화자가 "바닥까지 가라앉은 제 모습을/ 건져 올리던 사내"라는 것에 주목해보자. 사내는 단지 개울 속에서 돌을 들었을 뿐인데, 그 돌 속에서 존재의 시원始原이라 할 수 있는 자신의 몸의 근원인 물고기의 움직임을 만나게 되는 것이다. 그러니 자신의 내면 깊숙이 의식을 더 몰고 나갈 때, 시적 화자는 비로소 '물의 문'을 열 수 있게 된다. 그러나 그런 현상은 잠시 잠깐, 그 찰나에 지나지 않는 것이라서 '물의 세계'가 퇴적되어 있는 돌의 외부는 순간, "꼬리지느러미 흔들며 문을 닫"고 말았다.

이러한 현상은 시적 화자가 자신 존재를 찾아 헤매면 헤맬수록 그 근원에 닿지 못하고 수차례 비껴나갈 수밖에 없는 미끄러운 현실의 상태를 허무감으로 표현하고 있는 것이다. 손으로 잡으려고 하면 이내 빠져나가고 마는 미끄러운 물고기 비늘처럼 말이다. 그리고 다른 시편들 속에서도 "배꼽이 부글거렸으나/ 몸 비울 곳이 한 군데도 없었다 …… 끝없이 구부러진 골목을 헤매고 다니다/ 몸의 모든 구멍을 닫고/ 집으로 돌아왔다”(「손바닥을 읽다」)거나 “몸의 굴곡 풀지 않는다”(「늙지 않는 여자」)는 언술들로 미루어 보아, 이러한 ‘미끄러지는 감각’의 시작은 제 몸에 가시를 들이고 살았다는 가혹한 통증 때문이다.

이 시집의 표제작인 「밤의 수족관」과 유사 계열에 정서를 공유하고 있는 인용한 시 「질문」은 「밤의 수족관」의 말미에 “마지막 숨을 몰아쉬고/ 자신의 별자리를 찾아 떠나갔다”는 물고기의 고행길에 바로 직전 상황을 형상화시킨다고 할 수 있다. “악몽은 옆구리에 지느러미를 달고/ 방 안을 헤엄치기 시작”하면 시적 화자가 머무는 방이라는 공간은 일순간 수족관으로 변하고, 제 몸조차 물고기로 변태한다. 화자는 자신의 삶에서 끝내 깨달을 수 없는 통증 때문에 “아가미를 벌렸다가 닫았다”가 “가시 뼈 사이사이 통증이 물풀처럼” 흔들기도 하지만, 그러한 몸부림이 “매번 거품 같은 질문”이 될 뿐 정작 수족관 물의 깊이는 가늠하지도 못하는 형국이다. 그리고 “시계는 물결처럼 매번 같은 대답”으로 미끄러지며 화자는 늙어가고 있다. 즉 시간의 퇴적은 시적 화자에게 ‘늙는 상태’나 ‘죽음’에 가까운 몽환을 겪게 했을 뿐 자아가 가진 균열에 대해서는 명확한 해답을 내려주지 못했던 것이다. 그러므로 시적 화자는 제 몸에 가시를 들이고 있는 것과 반대로 겉으로 미끄럽고, 부드러운 물결 속에서 그저 ‘물고기가 되어’ 살아갈 수밖에 없었다. 여기서 이희은의 시적 태도를 우리가 애써 처연하게 느끼는 지점이 유발되는데, 그것은 바로 ‘질문 하는 물고기’를 자처했다는 것이다. 다시 말해, “비린내만 남긴 채 허물어”질 몸이라도 그 몸속에 내재된 “가시를 뽑아내며” 자기 분열과 해체의 이유를 끝까지 탐구하겠다는 의지에 주목해야 한다는 것이다.

이렇게 해체를 통해서라도 뒤틀린 존재 상태를 개선해보겠다는, 죽음을 담보한 치유의 행위를 우리는 무엇이라 호명해야겠는가. “엉킨 장미의 넝쿨을 뒤적이며/ 나는 또 길을 잃는다” (「기시감」)는 개인적 차원에서의 삶의 방황일까. “나의 호흡은 여전히 먹구름을 통과하는 중”(「진맥」)이라는 지속되는 고통의 현현일까. 그도 아니라면 “낯선 도시, 길고도 긴 시간을 사이에 두고/ 우리는 기다림을 함께 기다렸다// 영영 돌아오지 못하기라도 하듯” (「건너편의 오후」) 그렇게, 한 번 놓치고 나면 영영 다시는 복원되지 못하는 상처들에 대한 대면과 그 서글픔일까. 아마도 이 시집의 화자에게 가장 중요한 시적 의지는 방황하는 자신의 생리 속에서도 “궤도의 중심점을 찾는 일”(「접시 돌리기」)일 것이다.

기묘한 문

이 시집의 여는 시라고 할 수 있는 첫 시 「손금」을 읽어보자. 마지막 문을 나서면서, 이제 다시 첫 문을 두드려보자는 것이다.

> 지도에 없는 골목으로 나를 버리러 갔습니다
>
> 꽃잎의 주름을 세어보다가, 고양이 눈 속을 엿보다가, 벽화처럼 머리 기댄 나무들 미처 마르지 않은 비밀에 손끝을 적시다가

문득 금 간 유리창에 비친 나를 보았습니다 뺨에 깊게 그어진 상처가 있었습니다

담장 낙서를 떼어먹다가, 기울어진 그늘을 쓰다듬다가, 깨진 화분에서 쏟아지는 이야기들 바닥에 길게 늘이다가

모퉁이를 지나 무화과나무 옆에 섰습니다 이파리 한 장 꺾어 당신의 목소리를 찾다가

보도블록이 끊긴 곳, 웅덩이의 어둠에 걸려 넘어졌습니다

나를 버리지 못한 채 손바닥 안 골목, 잔주름 위에서 어제를 움켜쥐고 있는

—「손금」 전문

"손금"이란 무엇인가. 동서양을 막론하고 '수상법'이라 하여 손금을 읽는 법을 '관상'과 함께 개인의 운명을 점치는 방법으로 통용되어왔다. 그런데 "지도에 없는 골목으로 나를 버리러" 간다는 시적 화자는 자신이 쥐고 태어난 운명에 대해 거부권을 행사하려고 하는 것처럼 보인다. "비밀에 손끝을 적시"는 것처럼 자신을 둘러싼 여러 비밀들을 해제하고 억누르는 것들을 해방시키겠다는 의지인 셈이다. 그 가운데 "문득 금 간 유리창에 비친 나"를 만나 그 상처가 "뺨에 깊게 그어진 상처"로 옮아와 붙는다고 하더라도, "깨진 화분에서 쏟아지는 이야기들"을, 그러한 자신의 이야기들을 모두 쓰고야 말겠다는 것이다. 비록 시적 화자는 현재에

는 "나를 버리지 못한 채 손바닥 안 골목, 잔주름 위에서 어제를 움켜쥐고 있"지만, 시인은 두렵지 않다. 자신에게 주어진 운명을 따르기 위해서가 아니라, 그 모든 운명들을 거역하기 위해 이 (시)집에 들어섰기 때문이다. 그러므로 "낙서를 떼어먹다가, 기울어진 그늘을 쓰다듬다가" 혹여 모르는 나를 만난다고 하더라도 불행해지는 일은 없다. "지난 밤, 잠 속으로 당신이 흘리고 간 문장"(「그림자를 심다」)을 주어다가 이 집을 튼튼하게 지었기 때문이다.

그러므로 이 시집의 「시인의 말」의 주술구조를 이제 바꿔서 읽어야겠다. "사물의 문을 열고자 했으나 늘 캄캄했다"가 아니라, '캄캄했으나 늘 사물의 문을 열고자 했다.'고. 그렇게 이희은에게 희망과 위안을 담는다.

이희은

이희은 시인은 충북 청원에서 태어났고, 2014년『애지』로 등단했다.『밤의 수족관』은 그의 첫 시집이며, 한 여성 시인의 내면의 감성과 시적 성찰로 쓴 일기라고 할 수가 있다.
오래된 서랍 무덤 속에서 이미 화석이 되어버린 일기를 꺼내 고통스럽지만 잃어버린 자기 모습을 찾아 다시 일기를 이어 쓰면서 자신과의 화해를 이루고자 하는 소망을 나타내주고 있다. '밤의 수족관'이라는 무의식 상태에서 바라본 자신의 모습 또한 일그러진 물고기 모습이라도 그것이 진정한 자신의 모습이고, 그 모습 그대로를 껴안으면 별자리로 승화되어 세상을 바라보는 새로운 지표가 될 것이라고 꿈을 꾸고 있다. 시집『밤의 수족관』은 어린 시절의 무의식적 소망을 표현하는 어느 추운 밤의 길고 긴 꿈에 대한 기록이다.

이메일 : leh2627@hanmail.net

이희은 시집

밤의 수족관

발　　행　2018년 6월 10일
지 은 이　이희은
펴 낸 이　반송림
편집디자인　김지호
펴 낸 곳　도서출판 지혜
　　　　　계간시전문지 애지
기획위원　반경환 이형권 황정산
주　　소　34624 대전광역시 동구 선화로 203-1, 2층 도서출판 지혜 (삼성동)
전　　화　042-625-1140
팩　　스　042-627-1140
전자우편　ejisarang@hanmail.net
애지카페　cafe.daum.net/ejiliterature

ISBN : 979-11-5728-278-4 03810
값 9,000원

대전광역시 DAEJEON METROPOLITAN CITY 대전문화재단

* 후원 : 대전광역시, (재)대전문화재단
* 이 사업은 대전광역시, (재)대전문화재단에서 사업비 일부를 지원 받았습니다.